中国文化知识读本

Zhongguo Wenhua
Zhishi Duben

十三朝古都洛阳

主编 金开诚

编著 金 涛

吉林出版集团有限责任公司
吉林文史出版社

图书在版编目（CIP）数据

十三朝古都洛阳 / 金涛编著. —— 长春：吉林出版
集团有限责任公司：吉林文史出版社，2009.12（2023.4重印）
（中国文化知识读本）
ISBN 978-7-5463-1663-5

Ⅰ.①十… Ⅱ.①金… Ⅲ.①洛阳市－概况 Ⅳ.
①K926.13

中国版本图书馆CIP数据核字（2009）第236855号

十三朝古都洛阳

SHISANCHAO GUDU LUOYANG

主编/ 金开诚　　编著/金涛

项目负责/崔博华　责任编辑/曹恒 崔博华

责任校对/刘姝君　装帧设计/曹恒

出版发行/吉林出版集团有限责任公司　吉林文史出版社

地址/长春市福祉大路5788号　邮编/130000

印刷/天津市天玺印务有限公司

版次/2009年12月第1版　印次/2023年4月第3次印刷

开本/660mm×915mm　1/16

印张/8　字数/30千

书号/ISBN 978-7-5463-1663-5

定价/34.80元

前 言

　　文化是一种社会现象，是人类物质文明和精神文明有机融合的产物；同时又是一种历史现象，是社会的历史沉积。当今世界，随着经济全球化进程的加快，人们也越来越重视本民族的文化。我们只有加强对本民族文化的继承和创新，才能更好地弘扬民族精神，增强民族凝聚力。历史经验告诉我们，任何一个民族要想屹立于世界民族之林，必须具有自尊、自信、自强的民族意识。文化是维系一个民族生存和发展的强大动力。一个民族的存在依赖文化，文化的解体就是一个民族的消亡。

　　随着我国综合国力的日益强大，广大民众对重塑民族自尊心和自豪感的愿望日益迫切。作为民族大家庭中的一员，将源远流长、博大精深的中国文化继承并传播给广大群众，特别是青年一代，是我们出版人义不容辞的责任。

　　本套丛书是由吉林文史出版社和吉林出版集团有限责任公司组织国内知名专家学者编写的一套旨在传播中华五千年优秀传统文化，提高全民文化修养的大型知识读本。该书在深入挖掘和整理中华优秀传统文化成果的同时，结合社会发展，注入了时代精神。书中优美生动的文字、简明通俗的语言、图文并茂的形式，把中国文化中的物态文化、制度文化、行为文化、精神文化等知识要点全面展示给读者。点点滴滴的文化知识仿佛颗颗繁星，组成了灿烂辉煌的中国文化的天穹。

　　希望本书能为弘扬中华五千年优秀传统文化、增强各民族团结、构建社会主义和谐社会尽一份绵薄之力，也坚信我们的中华民族一定能够早日实现伟大复兴！

目录

一、洛阳建都十三朝

洛阳因地处古洛水之北而得名，在它周围形成的河洛之地是我们中华文明的重要发源地。几千年过去了，洛阳留下的美名数不胜数，比如它是丝绸之路的起始点；它是中华民族的摇篮，中国、中州、中土、中原、华夏等称谓均来自洛阳；它也是中国历史上唯一被命名为"神都"的城市。

　　历史往往能带给我们真相，但这种真相总是隐隐约约的，随着岁月的变迁而变得更加模糊了。今天，当我们再次追寻洛阳的历史，它的是是非非都摆在我们面前。洛阳的过去是和古都联系在一起的。

洛阳古城

（一）夏都斟鄩

夏朝是中国历史上第一个王朝，禹是夏的开创者，但当时禹并没有建都在洛阳，而是建都阳城（今登封）。但后来的考古发现证明，洛阳即当时的斟鄩也曾是夏的都城。

1959 年，中国考古研究所在洛阳辖区偃师二里头进行考古发掘，发现二里头一带是一座大型都城遗址，被定名为"二里头文化"。经鉴定，其绝对年代相当于夏代，距今有 4000 多年的历史，是一座夏代的大型都城遗址，总面积约为 3.75 平方公里。考古学家认定，二里头文化遗址就是夏代

西亳是商代洛阳的名字

都城遗址，即夏都斟鄩的所在地。

夏代太康、仲康、夏桀三帝王曾建都于此。《帝王世纪》上说"太康在位 29 年，都斟鄩"；《通鉴外纪》上说"仲康在位 52 年，都斟鄩"，都为夏朝曾建都斟鄩提供了证据。

（二）商都西亳

西亳是商代洛阳的名字。而历史上，西亳到底在哪里却一直是个谜。1983 年，谜题终于得到解答。

1983 年，中国社科院在洛阳大槐树、偃师尸乡沟一带进行考古发掘，发现了这座商城遗址，从此揭开了西亳的秘密，结束了数千年来关于西亳的历史疑案。这是国内外史学界的一个重大发现。

西亳总面积为 190 万平方米。城内南中部有宫殿遗址。宫城呈正方形。大殿之后，有几座宫殿建筑，东西对峙，系王宫所在地。城内道路纵横，井然有序。城外有环城马路。这座规模宏大的古商城，显然是按照都城的规格建造的。

据《竹书纪年》载："汤居西亳，仲丁元年辛丑即王位，自亳迁于嚣。"《史记·殷本纪》又载："帝盘庚之时，殷已都河北，盘庚渡河南，复居成汤之故居。"又云："帝庚丁崩，子帝武乙立，殷复去亳，徙河北。"由此可以看出，商朝曾两次定都西亳。第

西亳城内道路纵横，井然有序

一次约在前1711年至前1482年，计230年，历经成汤、外丙、仲壬、太甲、沃丁、太庚、小甲、雍己、太戊、仲丁10帝。第二次约在前1310年至前1140年，计170年，经盘庚、小辛、小乙、武丁、祖庚、祖甲、康辛、廪丁、武乙9帝王。商朝两次都西亳，共19帝，400余年。

（三）西周东都洛阳

其实，历史上的西周是有两个都城的。这是个很少见的现象。

武王灭商后，本想在洛邑（今洛阳）建立都城，但在灭商后的第二年就在镐京病故了。他的儿子成王即位，为了巩固在中原地区的统治，成王在其叔父周公的辅佐下开始大规模地兴建新都城洛邑。在成王执政的第

洛阳作为西周东都，历经10位帝王

五年，迁都洛邑，但西周仍然保留了旧都城镐京。

据可靠史料记载，洛阳作为西周的东都，从成王到平王，历时295年。历经成王、昭王等10帝王。

（四）东周都洛阳

周幽王是西周历史上最后一位国君，也是一位有名的暴君。前771年，犬戎进攻西周，幽王被杀，西都镐京也被犬戎洗劫一空。这时的西周国力衰微，人心涣散，镐京已经变得不再那么安全了，无法抵挡外来势力的侵入。在这种情况下，周平王于前770年索性将都城从镐京迁至洛阳，建立政权，史称东周。

从周平王开始，洛阳作为东周都城有515年，历经25帝王。

（五）东汉都洛阳

东汉的第一个皇帝叫刘秀，即汉光武帝。25年，他在河北柏乡称帝。也是在这一年，他的起义军攻下洛阳，并定都于此，史称东汉。

后来，刘秀经过多年征战，终于统一了全国。

周幽王烽火戏诸侯的故事如今已家喻户晓

东汉时期，洛阳成为全国最大的城市，也是全国政治、经济、文化的中心

刘秀在历史上最大的贡献就是他的改革，史称"光武中兴"。光武中兴使国家逐渐富强起来，洛阳成为了全国最大的城市，成为天下名都。它是当时全国政治、经济、文化中心，也是全国最大的商业城市。

东汉从 25 年始创，到 220 年灭，历经 196 年，其中以洛阳为都 165 年。

（六）曹魏都洛阳

东汉后期名存实亡，魏、蜀、吴三国鼎立的局面已逐渐形成。

曹操"挟天子以令诸侯"，于 207 年基本上统一了中国的北方地区，但曹操一直没有称帝。220 年，曹操病逝。他的大儿子曹丕即位。不久，曹丕废汉献帝为山阳公，自立为皇帝，史称魏文帝。

曹魏从 220 年到 265 年司马炎灭魏为止，以洛阳为都 46 年，历经文帝、明帝、齐王、高贵乡公、元帝。

（七）西晋都洛阳

曹魏后期，国家实际权力逐渐落入司马氏手中。

265 年，曹魏大臣司马懿之孙、司马昭之子司马炎篡夺皇位，迫使魏元帝曹奂让位，改国号为晋，史称西晋，并定都洛阳。司马炎就是晋武帝（庙号世祖），晋武帝以其强大的军事力量统一了当时还处

西晋历经 4 帝，都城都在洛阳

于分裂之中的中国，结束了自东汉末年以来的混乱局面。但可惜的是，由于统治阶级的内部矛盾，加上统治者的腐败无能，在很短的时间内，西晋王朝便土崩瓦解。从此，中国又进入到原来的分裂状态。西晋为时仅51年，倘若由灭吴始计，则仅37年，是中国历史上的短命王朝。

西晋定都洛阳，历经武帝、惠帝、怀帝、愍帝四帝。

（八）北魏都洛阳

西晋虽然统一了三国，但统治者不思进取，晋武帝有姬妾万余人，花天酒地；贾皇

北魏宫城遗址

后恣意淫乐，竟在大街上抢拉男子入宫为男宠；外戚王恺与大贵族石崇比富，令人吃惊。如此等等，西晋终于走向了没落。

然而在中国北方，另外一个少数民族国家却迅速崛起，这就是北魏。北魏的建立者是鲜卑族拓跋部，原来居住于今黑龙江、嫩江流域及大兴安岭附近，过着游牧生活，三国前期，被前秦苻坚控制，但淝水之战后，前秦统治瓦解。386 年，鲜卑拓跋珪建立政权，后改国号为魏，史称"北魏"。

北魏政权建立以后，迅速发展军事，

北魏孝文帝像

逐渐统一了中国。494年，北魏孝文帝迁都洛阳，这是北魏历史上的一件大事，从此，洛阳就成为北魏的首都。孝文帝是个非常有作为的皇帝，他实施的"孝文改制"在中国历史上的意义是巨大的。孝文改制的主要内容有：整顿吏治；实行均田令；实行九品中正制；改革鲜卑旧俗，主要是禁着胡服，改穿汉人服装；朝廷上禁鲜卑语，改说汉话；规定鲜卑贵族在洛阳死后，不得归葬平城（今山西大同），并改他们的籍贯为河南洛阳，改鲜卑姓为汉姓；鲜卑贵族门阀化，提倡他们与汉族高门通婚等。孝文改制促进了各民族的大融合，实现了经济的繁荣，国家的强盛。520年，北魏人口调查显示，北魏大约有 500 万户，约 3000 万口居民。到宣武帝时，洛阳成为国际性的商业大都市。

但北魏后期，人民起义不断，阶级斗争激烈，534 年，北魏分裂成由高欢控制的东魏和由宇文泰掌握的西魏，北魏灭亡。北魏都洛阳 41 年，历经魏孝文帝、宣武帝、孝明帝、孝庄帝、长广王、节闵帝、安定王、孝武帝 8 个帝王。

（九）隋朝建东都

隋朝是我国历史上伟大的王朝之一，隋唐时期也是全世界公认的中国最强盛的

隋朝时期，经济繁荣，
文化昌盛

时期。隋朝建立于 581 年，建立者为隋文帝杨坚。隋朝于 589 年挥戈南下，灭亡了长期割据南方的南朝最后一个朝代——陈朝，统一了分裂多年的中国。

隋朝时，我国经济繁荣，文化昌盛，积蓄充盈，甲兵强锐。据《资治通鉴》记载："是时天下凡有郡一百九十，县一千二百五十五，户八百九十万有奇。东西九千三百里，南北一万四千八百一十五里。隋氏之盛，极于此矣。"足可见当时隋朝的强盛。

但是，隋朝的第二代统治者隋炀帝却是历史上有名的暴君。他于 604 年在长安即位以后，生活奢侈腐化，极其凶狠残暴。

隋炀帝像

随着隋炀帝移宫洛阳，洛阳成为隋朝都城

605 年，隋炀帝任命尚书杨素为营建东都太监，纳言杨达为副监、宇文恺为将作大匠营建东都洛阳。606 年，东都洛阳建成，随即炀帝移宫洛阳，洛阳于是成为全国的政治、经济、文化中心。

但好景不长，618 年，隋将宇文化及在扬州发动兵变，杀死隋炀帝。越王杨侗在洛阳称帝，王世充为太尉，独揽朝政。义宁二年 (619 年) 四月，王世充废杨侗为潞国公，自立为帝，国号郑，后被唐所灭。隋朝都洛 15 年，历 2 帝。

（十）武周都洛阳

武则天像

武则天是中国历史上唯一一位女皇帝，690年，自号"圣母神皇"的武则天革"唐"命，改国号为"周"，定都洛阳。

武则天是唐高宗李治的皇后。高宗即位后，由于一直身体多病，所以政事大都由武后代理，所以当高宗死后，她逐渐大权独揽并自立为帝。武则天是历史上有名的好皇帝，她在位期间，改革政治，修养生息，使人民生活在一定程度上得到改善，为唐朝的繁盛奠定了基础。

705年，守凤阁侍郎同凤阁鸾台平章事宰相张柬之、鸾台侍郎同凤阁鸾台平章事宰相崔元综、禁军长官左羽林将军桓彦范、右羽林将军敬晖、司刑少卿兼知相王府司马事袁恕己等利用禁军发动宫廷政变，逼武则天下台，立皇太子李显为皇帝。历史上的武周王朝宣布结束。

武则天执政50年，居皇帝位15年，以洛阳为都城15年。

（十一）后梁都洛阳

后梁指五代十国时期的后梁，其建立者是朱温，也叫梁太祖。朱温于907年建立大梁，都开封，并以洛阳为西都。朱温曾参加黄巢

领导的农民起义，后叛降唐朝，被赐名为朱全忠，与沙陀贵族李克用等协同镇压黄巢起义。黄巢起义失败后，唐帝国已名存实亡，各方节度使形成拥兵自重的局面，其中以宣武节度使朱全忠、河东节度使李克用、凤翔节度使李茂贞等势力最大。

朱温于 903 年完全控制皇室，于 907 年废唐哀帝，自行称帝，并于 909 年迁都洛阳，以开封为东都。朱温在称帝前后，革除了一些唐朝积弊，奖励农耕，减轻租赋，基本上统一黄河中下游地区。但他生性残暴，滥行杀戮，并与据有太原的李克用、李存勖父子连年作战，给百姓带来深重灾难。

朱温在位时，并没有指定谁继承皇位，

朱温控制皇室，自行称帝

李克用雕塑

后来其次子朱友珪发动政变杀死朱温，自立为帝。再后来，朱温第三子朱友贞发动洛阳禁军兵变，逼死友珪，友贞即在开封称帝，是为后梁末帝。梁末帝朱友贞猜忌方镇大臣，后梁内部分裂，国力进一步削弱。923年，后唐庄宗李存勖攻入开封，末帝自杀，后梁灭亡。

（十二）后唐都洛阳

后唐，五代之一，其建立者为后唐庄宗李存勖。后唐从建立到灭亡历时十三年（923年至936年）。

李存勖为李克用之子，李克用因镇压黄巢起义有功，被封为河东节度使，掌握地方军事大权，与朱温等争锋天下。908年，

洛阳古城丽景门

李克用死，其子李存勖继晋王位。李存勖善于用兵，先后取得了几次军事胜利。923年，李存勖在魏州称帝，同年，灭后梁并迁都洛阳。但李存勖是个残暴之人，在位期间骄奢淫逸，重用伶官，诛杀功臣，对百姓横征暴敛，终于激起魏州兵变。李克用养子蕃汉总管李嗣源借兵变力量，夺取汴州（今河南开封）。后来李存勖在洛阳被乱兵杀死，李嗣源入洛阳称帝，改名李亶，是为明宗，改元天成。

明宗嗣源即位后，虽然采取了一些有效的措施改革了弊政，但由于其年老多病，很快就病死了。他死后，他的儿子李从厚继位，是为闵帝。闵帝无能，934年，河东节度使李从珂（本姓王，嗣源养子）起兵杀李从厚，自立为帝，是为末帝。末帝在位不久，石敬瑭就勾结契丹攻入洛阳，李从珂自杀，后唐随之灭亡。

（十三）后晋都洛阳

后晋，五代之一，为石敬瑭所建。石敬瑭是后唐明宗李嗣源的女婿，明宗去世前后，他与契丹相勾结，认契丹皇帝耶律德光为父，并将燕云十六州拱手献给契丹，另加岁贡帛三十万匹。在耶律德光的支持下，他于936年在太原称大晋皇帝，史称后晋。937年，石敬瑭攻入洛阳，后唐末帝李从珂自焚身亡，石敬瑭迁都洛阳。

后晋是一个短命王朝，也定都洛阳

洛阳鼓楼

由于石敬瑭一味地卖国求荣，激起了人民的不满，所以他的统治并不稳定，于天福七年忧郁而终。他死后，他的侄子石重贵即位，史称少帝。少帝在对契丹的关系上不像他的叔父那样卖国求荣，而要求称孙不称臣，这惹恼了契丹，于是契丹主挥兵南下，讨伐后晋。后晋虽然经过顽强抵抗，多次打败契丹的进攻，但终于在叛徒的出卖下被契丹灭亡。947年，也就是灭后晋第二年，耶律德光在开封称帝，改国号为辽，后晋彻底退出历史舞台。

二、洛阳千古故事

洛阳古城丽景门

洛阳城，十里坡，

高高低低古坟多。

英雄豪杰有几人？

绝代佳人是何人？

（一）灭商纣周公营洛邑

历史上有名的周武王姬发经过著名的"牧野之战"后，灭商建立了西周。西周建立后，他担心自己的政权不稳，为了想出巩固广大东方地区的办法，他日夜操劳，夜不能寐。他的弟弟周公旦提出了一个很好的建议，得到了武王的采纳，即封纣王的儿子禄父为商后，并派自己的弟弟管叔、蔡叔、霍叔加以监视，这就是历史上有名的"三监"。

安排好这些后，武王自己则准备在洛邑之地营建新的都城。但天违人愿，武王英年早逝，这个计划因此被搁置了。

武王死后，他年幼的儿子诵继承了王位，周公辅佐朝政。但管叔和蔡叔因不满周公专权而密谋叛乱，禄父也想伺机发动恢复商朝的战争。在这种形势下，周公亲自率领军队，经过三年的战争平息了叛乱。经过了这次叛乱，周公认识到了迁都的重要性，因此，他决定要实现武王的遗志，在伊洛一带建立东都。

周公旦像

为了慎重起见，周公与召公绘制了一份营建洛邑的规划图呈现给了成王。据知，这是世界上有文献记载的最早的都城规划图，因此有人称东都洛邑为"世界上最早的按照事前周详规划而建筑的著名城市"。在周公的亲自主持下，大约用了九个多月的时间，新都城终于建立起来了。周人把镐京称作"宗周"，把洛邑称作"成周"，也称"东都"。于是，成王便迁都到洛邑，因为这个缘故，所以成周也称"王城"。

就这样，王城就成了西周的都城。西周

洛阳"大义参天"牌坊

三曹塑像

在这里统治了中国几百年，王城洛阳的辉煌也在这几百年里夺目闪耀。如今，历史的辉煌虽已成往事，但历史的记忆却是永恒的。

（二）曹植与洛阳的故事

曹植，字子建，是曹操的儿子，是魏文帝曹丕同母弟，三国时期著名的文学家、诗人。

曹植的一生大半在河南度过，他的诗文内容也大都与河南相关。那么他与洛阳到底有怎样的关系呢？有史记载，213年，曹植跟随曹操西征马超，路过洛阳，登上城北的邙山。看到邙山脚下的景象，他感

曹植墓

慨万千，写了那首著名的《送应氏》，诗中写道："步登北邙阪，遥望洛阳山。洛阳何寂寞，宫室尽烧焚。垣墙皆顿擗，荆棘上参天。不见旧耆老，但睹新少年。侧足无行径，荒畴不复田。游子久不归，不识陌与阡。中野何萧条，千里无人烟。念我平常居，气结不能言。"这首诗反映了在当时军阀混战的情况下，天下动荡的局面。洛阳于 190 年被董卓所焚烧，至此已经 21 年，因天下混战，一直没有得到修复，所以诗中写"洛阳何寂寞"，非常形象，感人至深。

虽然曹植才华过人，但在政治能力方面，他远远不如他的兄弟曹丕。所以后来曹丕继

曹丕像

承了曹操的王位，而他却被赶出洛阳，回到了自己的封地临淄。

在临淄，陈留王（即曹植）意志消沉，终日饮酒以解千愁。那时的诸侯国都有朝廷派的"监国谒者"，这些监国谒者是专门派来监督诸侯王的一举一动的。派来监视曹植的这个监国是个小人，他为了逢迎曹丕，奏曹植醉酒傲慢，挟持胁迫谒者，并请朝廷治曹植的罪。曹丕抓住这个机会把曹植召回洛阳，威胁说："你必须在七步以内作诗一首，不然就行大法。"曹植思索了片刻，在七步以内就作出了那首著名的《七步诗》："煮豆持作羹，漉豉以为汁。

洛神赋 并序

黄初三年 余朝京师 还济洛川 古人
有言 斯水之神 名曰宓妃 感宗玉
对楚王说神女之事 遂作斯赋
其词曰
余从京城言归东藩 背伊阙 越
轘辕 经通谷 陵景山 日既西倾 车
殆马烦 尔乃税驾乎蘅皋 秣驷
乎芝田 容与乎阳林 流眄乎洛川
于是精移神骇 忽焉思散 俯则
未察 仰以殊观 睹一丽人于岩
之畔 尔乃援御者而告之曰 尔有
覿于彼者乎 彼何人斯 若此之艳
也 御者对曰 臣闻河洛之神 名曰宓

《洛神赋》（局部）

其在釜下燃，豆在釜中泣。本是同根生，相煎何太急？”这首诗用同根而生的萁和豆来比喻兄弟，用萁煎其豆来比喻同胞骨肉的哥哥残害弟弟，生动形象、深入浅出地反映了封建统治集团内部的残酷斗争和诗人自身处境的艰难。后来，曹丕顾及母亲卞太后的情面，将曹植贬为安乡侯。

222年，曹植再次来到洛阳，在回去的路上，路过洛水，这让他想起了洛水之神的那个传说，促使他写下了那篇千古一绝的《洛神赋》。

（三）洛阳城石崇王恺斗富

西晋太康年间，在都城洛阳，从皇帝到

公卿大臣，生活都奢侈腐化，最突出的例子就是石崇和王恺斗富。

石崇是晋司徒石苞之子，晋武帝因为石崇是功臣之子，因此对他非常器重。王恺是晋武帝的舅父，二人经常在京城斗富，谁也不服谁。

王恺用紫色丝做步障四十里长，石崇就用锦做了五十里的步障；王恺用麦芽糖刷锅，石崇就用蜡烧饭。王恺在斗富中得到了晋武帝的支持，晋武帝赏给他一棵二尺多高的珊瑚树，这棵珊瑚树实属世间罕见，王恺把这棵珊瑚树搬给石崇看，心中以为这次一定可以让石崇羞愧难当，谁知

石崇塑像

石崇却拿铁随意敲它，随手就打碎了。王恺既惋惜，又认为石崇是妒忌自己的宝物，说话时声音和脸色都非常严厉。石崇说："不值得遗憾，现在就赔给你。"于是就叫手下的人把家里的珊瑚树全都拿出来，有三尺、四尺高的，树干、枝条举世无双而且光彩夺目的有六七棵，像王恺那样的就更多了。王恺看了，不仅惘然若失。

王恺请客，命女伶吹笛，女伶对乐曲稍有遗忘，王恺就命令手下人将女伶杀死。石崇招待贵宾的时候，经常让美女招待贵宾喝酒，客人如果不干杯，就让左右杀死美女。

梁绿珠像

在一次宴会上，一位客人坚决不饮酒，石崇就接连斩杀三名美女，真是惨无人道。

西晋末年，赵王司马伦和孙秀一度专权，石崇在这个时候已经免官闲居了，但他生活依然奢侈堕落。他有一名宠妾名叫梁绿珠，是世间美貌的奇女子，又因笛子吹得非常好，深得石崇喜爱。赵王司马伦亲信孙秀垂涎绿珠美色，石崇不给，从此得罪孙秀。永康元年（300年）赵王司马伦专权，石崇因参与反对赵王司马伦，金谷园被孙秀大军包围，石崇见大势已去，

《金谷园图》（局部）

对绿珠说："我因你获罪，奈何？"绿珠流泪道："妾当效死君前，不令贼人得逞！"遂坠楼而亡。孙秀大怒，将石崇一家十五口人全部杀死。

西晋统治者的奢侈腐朽，是导致西晋王朝迅速灭亡的主要原因。石崇和王恺斗富只是其中一个典型的例子，其实在西晋，大多数官员都生活奢靡。这种奢靡注定了西晋的短命，因为任何违背历史潮流发展的人，都将注定走上断头台，接受人民正义的审判。

（四）洛阳纸贵

"洛阳纸贵"指的是文学作品非常畅销，

风行一时，广为流传。这个成语最先出自《晋书·文苑·左思传》："于是豪贵之家竞相传写，洛阳为之纸贵。"

左思是西晋太康年间一位有名的文学家，但他在创作《三都赋》之前并不出名。在他小的时候，他的父亲看不起他，因他长得不好看，说话还结巴，在人前表现得还很痴傻。到了他成年的时候，他的父亲依然很看不起他，还对朋友们说过这样的话："左思虽然成年了，可是他掌握的知识和道理，还不如我小时候呢。"

左思不甘心被父亲看不起，他在心里

左思像

《魏都赋图》

暗自较劲，要发奋学习，摆脱这种局面。经过了十年的卧薪尝胆，左思在思想上和学力上脱胎换骨了，他认为班固的《两都赋》和张衡的《两京赋》虽然文字大气磅礴，但都很浮华，没有实际的内容。因此，他想创作出一篇具有历史特色、内容丰富的文章，这就是《三都赋》，所谓的三都是指三国时魏都邺城、蜀都成都、吴都南京。为了写这篇文章，左思收集了大量的历史、地理、风俗人情资料，这篇文章之所以写得那么出彩，是与左思的准备工作做得非常充分分不开的。

但《三都赋》在开始的时候并没得到当时文人的赏识，甚至还遭到了一些名流的讥讽。比如当时一位著名文学家陆机就很看不起左思的这篇文章，他认为左思是个不知天高地厚的人，想超过班固、张衡，太自不量力了。但真金不怕火炼，《三都赋》终于有人赏识了，那就是当时另外一位著名的文学家张华。张华看到《三都赋》后赞不绝口，他决定和皇甫谧一起把这篇文章推荐给世人。于是，在名人的推荐下，《三都赋》很快红遍了洛阳，一时间人们争相购买这本风靡一时的作品，从而造成了供不应求的局面。洛阳的纸也水涨船高，很快就贵了起来。原来每刀千文的纸一下子涨到两千文、三千文，后来竟倾销一空，不少人只好到外地买纸，

《三都赋》风靡一时，竟带来了纸张涨价的局面

司马光墓

抄写这篇千古名赋。

这就是洛阳纸贵的故事，左思十年磨一剑，这种精神十分值得我们学习。尤其当我们在生活中懈怠的时候，应该想想左思，想想洛阳纸贵的故事，也许这不只是一个故事，更是一种让我们坚持下去的动力。

（五）司马光洛阳著《资治通鉴》

司马光，字君实，是北宋著名的政治家、文学家、史学家。

1019年，司马光出生于河南光州（今河南信阳光山县）。他天资聪慧，司马光

司马光砸缸塑像

砸缸的故事至今家喻户晓。司马光 20 岁那
年就考取了进士，之后做了十多年的小官，
在政治上一直落寞无名。王安石变法时，司
马光坚决反对，他对神宗说："臣与安石，
犹冰炭之不可同器，寒暑之不可同时。"所
以在王安石变法期间他一直挂官闲居。

当时的开封党争激烈，不少反对变法的
人都遭到贬谪，司马光被贬到洛阳。在洛阳，
司马光积极参加各种集会活动，虽然表面上
"不问朝政"，但暗地里却交结了一批反对新
法的保守党分子。

在洛阳生活的 15 年里，司马光的主要
贡献就是编著那本著名的历史著作《资治通
鉴》。这本著作由周威烈王二十三年（前 403

《资治通鉴纲目发明卷》

《资治通鉴》手稿

年）写起，一直到五代的后周世宗显德六年（959年）征淮南，描写了16个朝代，共1363年的详细历史。它是我国最重要的一部编年体通史，在我国史书中具有极重要的地位。

《资治通鉴》共294卷，300多万字。全书取材极为广泛，除了采用了历代正史的资料，还采用了大量的文集、杂史、笔记等相关著作。司马光集结了当时有名的大儒刘攽、刘恕、范祖禹等分段撰写，再经司马光删削润色总其成，所以全书读来如出一人手笔，很少有自相矛盾之处，文字也简洁流畅，富有文学色彩。

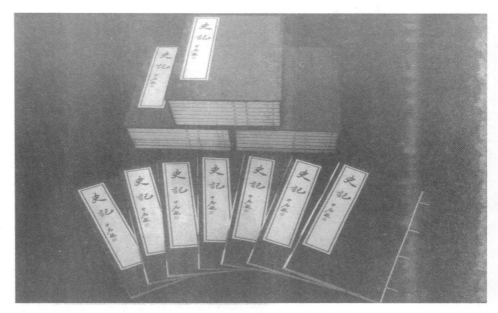

《史记》

《资治通鉴》是继《史记》之后的我国又一历史巨著。然而就其编写目的而言，正如宋神宗为其题名："以鉴于往事，有资以治道"一样，是为使后代统治者吸取前代盛衰兴亡的经验教训，所以它着重于政治、军事方面，而缺少对社会经济变革的记载，至今仍在各方面为我国的史学研究提供不可缺少的资料。

1085 年，支持变法的神宗皇帝病逝，哲宗年幼，高太后临朝听政，任命司马光为宰相，废除新法，开始了"元祐更化"的新局面。司马光终于登上了人生政治的顶峰，但他的主要贡献似乎还是给后人留

程颢像

二程墓园牌坊

二程故里

下的这部传奇的史书。

（六）二程与"洛学"

二程是指程颢、程颐两兄弟，他们俩是北宋中期著名的理学家，是著名的"洛学"的开创者。因为他们活动讲学的地方主要是在洛阳一带，所以理学又叫"洛学"。

二程在年幼之时便随父亲宦游祖国南北，学习孔孟之道的儒家经典。青年时代他们师从周敦颐，向他学习古典哲学。周敦颐是北宋著名的思想家，他根据《易经》提出了"太极图说"，这种学说充满了神秘主义色彩和保守主义倾向。因此，二程

二程像

也深受这种思想的影响。

二程的学徒遍布天下，门徒中比较有名的有八九十人之多。他们来自全国各地，后来有的官至监察御史、吏部尚书等，还有的在学术上取得了非常高的成就，如上蔡人谢良佐、偃师人朱光庭、南剑人罗从彦等。

二程著述颇多，他们的著作被后人编为《二程全书》，其中属于程颢的有《明道先生语录》《明道先生文集》，属于程颐的有《经说》《伊川先生文集》等。

他们最重要的贡献就是提出了"理"的哲学范畴，他们认为理无所不在，无处不在，理存在于"一草一木"，理也存在于"一山一水"，这种理就是"天理"，这种天理是人类社会的最高准则。他们以此阐释封建伦理道德，把三纲五常视为"天下之定理"。主张"存天理，灭人欲"，人要克制自己的行为，维护封建纲常，只有这样，社会才能稳定，国家才能繁荣。

二程的洛学从总体上看是唯心主义的，但其中也包含了朴素的辩证法因素。他们提出"动静相因，物极必反"，承认事物是相互制约、发展变化的，这一观点无疑具有其历史进步性。

《二程全书》

二程夫子林

　　总之，二程的洛学奠定了宋明理学的基础，在中国哲学史上占有重要地位。其后，宋代的朱熹、陆九渊，明代的王阳明，又在二程开辟的方向上发展了理学。宋明理学是宋代之后漫长的中国封建社会的理论基础和精神支柱，而二程洛学则是理学之先导。

三、洛阳古迹美景

洛阳是个美丽的城市，它的美丽不仅因为其深刻的历史底蕴，还因为这片土地上所具有的古迹美景。

（一）洛阳白马寺

白马寺的由来说起来非常有意思。据《理惑论》《后汉书》《洛阳伽蓝记》等记载，东汉明帝有一天晚上做了一个梦，他梦见一位身绕光环的神仙从远方飞来，明帝非常高兴，于是第二天便召集群臣解梦。太史傅毅告诉明帝说："听说天竺有位得道高僧，能飞身虚幻中，并且全身放着光芒，皇上梦见的大概就是佛吧！"明帝相信了这种说法，于是就派使者羽林郎中秦景、博士弟子王遵等13人去西域，访求佛道。三年后，他们同两位

洛阳白马寺

白马寺"天下第一古刹"牌坊

印度僧人迦叶摩腾和竺法兰回到洛阳，并带回一批经书和佛像。朝廷为了安置这两位高僧以及这些经书和佛像，就在洛阳建造了中国历史上第一座佛教寺院白马寺。迦叶摩腾和竺法兰两位高僧在这里译出了《四十二章经》《法海藏经》《佛本身经》等。

现今，白马寺位于洛阳城东 10 公里处，其北依邙山，南临洛河，殿阁擎天，壮美幽穆。它经历了几千年的风风雨雨，依然巍然挺立，真不愧是"千年第一古刹"。它坐北朝南，面积约四万平方米，呈长方形。寺大门之外，近年新建了石拱桥、放生池等。大门左右相对是两匹石马，据说

白马寺大佛殿一景

这是宋代的石雕马，大小和真马相当，形象温和善良。

白马寺南北长 239.5 米，东西宽 135.5 米，总面积 3.25 万平方米。中轴线上依次分布着山门、天王殿、大佛殿、大雄殿、接引殿等，两侧对称分布着门头堂、云水堂、客堂、斋堂、禅堂等，山门东西两侧有迦叶摩腾和竺法兰二僧墓。寺内外素有清凉台、齐云塔、夜半钟等六景，各有历史逸闻，是观光游览的好去处。

（二）关林

关林位于洛阳城南的关林镇，相传这里是埋葬三国时蜀国大将关羽首级的地方。明

洛阳关林"刚健
中正"牌坊

朝万历年间开始建庙植柏，清代乾隆年间
又加以扩建，终形成今天的规模。

关林占地约百亩，各种亭阁达150余
处。现存古柏800多株，碑刻70余通，墓
冢一座，石坊四座，各种石狮、铁狮100
多尊。院内古柏苍郁，殿宇堂皇，隆冢巨碑，
气象幽然。

现存建筑，从中轴线上看，依次为舞
楼、大门、仪门、甬道、拜殿、大殿、二殿、
三殿、石坊、八角亭，最后为关冢。两侧
对称耸立着钟鼓楼、配廊、长廊等。关羽
墓在轴线建筑最后，墓高约10米，威严
肃穆。

洛阳关林汉寿亭侯墓

千百年来，关羽作为忠义化身、道德榜样，受到了民众的普遍敬仰。他的"忠义仁勇"体现了我们中华民族的精神，由此形成的"关公信仰"这一特殊文化现象，已成为沟通海内外华人、亲情的桥梁和纽带。每年9月29日在这里举办关林国际朝圣大典，届时，海外关庙人士和宗亲组织云集关林，举行隆重的朝拜仪式。关林成为海内外华人谒拜的圣域，也是驰名中外的旅游胜地。

（三）金谷园

"繁华事散逐香尘，流水无情草自春。日暮东风怨啼鸟，落花犹似坠楼人。"每当读起杜牧的这首诗的时候，眼前就会浮现当时金谷园由繁华至衰败的景象。

虽然，如今的金谷园已不见昔日的风采，坠楼人绿珠也早已香消玉殒，但金谷园那永恒的韵味却足以让人回味无穷。

金谷园现今遗址在今洛阳老城东北七里处的金谷洞内，园内清溪萦回，水声潺潺。周围几十里内，楼榭亭阁，高下错落，金谷水萦绕穿流其间，鸟鸣幽村，鱼跃荷塘。每当阳春三月，风和日暖的时候，桃花灼灼、柳丝袅袅，楼阁亭树交辉掩映，蝴蝶翩然飞

舞于花间，小鸟啁啾对语枝头。所以人们
把"金谷春晴"誉为洛阳八大景之一。

（四）邙山

俗谚说："生在苏杭，死葬北邙"。这
个北邙就是就是指位于洛阳北侧，为崤山
支脉那座北邙山。北邙山东西绵亘 190 余
公里，海拔 250 米左右，是洛阳北面的天
然屏障，也是军事上的战略要地。

相传老子曾在邙山炼丹，山上建有上
清观以奉祀老子，附近还有武则天避暑行
宫、中清宫、下清宫，道教寺观吕祖庵等
古建筑。唐宋时期，每逢重阳佳节，上邙
山游览者络绎不绝。唐朝诗人张籍诗云：

相传老子曾在邙山炼丹

"人居朝市未解愁，请君暂向北邙游。"

邙山其最高峰为翠云峰，每当登高远望时，邙山下苍苍茫茫，山下景色，尽收眼底，特别是到傍晚时分，万家灯火，如同天上繁星。"邙山晚眺"被称为洛阳八大景之一。

（五）白园

白园即唐代大诗人白居易墓，它坐落在洛阳市城南13公里处的龙门东山的琵琶峰上。白园占地40亩，是一座依山傍水、秀色宜人的园地。

白园分为青谷、墓体、诗廊三区，系根

白园青谷石刻

据唐代风采、诗人性格和自然得体的原则设计建造的纪念性园林建筑。迎门为青谷区，整个青谷区景色优美，丛竹夹道，荷池送爽，引人入胜。著名的乐天堂也位于青谷区，乐天堂内有白居易塑像，该雕像虽已经历千年风尘，但风采依旧。园中间为墓体区，有墓冢、24吨重的自然石卧碑、登道、乌头门、碑楼等。整个墓区庄严肃穆，树木参天，别有一番色彩。诗廊区在墓北山腰，集中陈列着著名的书法家、画家书写的诗词碑刻以及充满诗意的瓷砖壁画，作品大多为赞颂白居易文功政绩的诗词。

白居易的一生是伟大的，他的伟大不仅在于他是个体恤黎民百姓的好官，更在

洛阳白园一景

于他创作的那一首首老少皆懂的诗篇。《赋得古原草送别》《长恨歌》《琵琶行》《观刈麦》等至今家喻户晓，伟大的诗人就是如此，永远不会被人们遗忘。

（六）洛河

洛河可以说是洛阳的母亲河，洛河孕育了河洛文明，河洛文明也是中华文明的重要源流之一。

千百年来，关于洛河，留下了数不尽的故事。有多少文人墨客在这里驻足忘怀？又有多少名流雅士在这里流连忘返？数也数不清了，历史的尘埃都随流水去了，于是这流水中积攒的只是洛河的往事。

如今，洛河仍在，"洛浦秋风"（洛阳八

景之一）仍在，值得人们去观赏。

（七）白云山

白云山位于洛阳市嵩县南部伏牛山腹地原始林区，近年来已经成为河南省著名风景旅游区。白云山风景奇特，其中有以白云峰、玉皇顶、小黄山、鸡角尖、千尺崖等为代表的险峰奇石景观；以乌曼寺、云岩寺、玉皇阁等为代表的人文景观；以万亩原始林、唐代银杏林、野生牡丹园、高山杜鹃园、白桦林、红桦林、箭竹林等为代表的森林景观；以云海日出、盛夏避暑等为代表的物候景观；以白云洞、青蛇洞、锣鼓洞、洞天栈道等为代表的洞窟景

洛河沿岸风光

观；以黑龙潭、黄龙井、珍珠潭、青龙瀑布、白龙瀑布等为代表的瀑潭景观等。

据介绍，白云山风景名胜区于1992年被林业部批准为国家级森林公园，1998年升格为国家级自然保护区。经过10余年开发建设，公园已初步形成集吃、住、行、游、娱、购于一体的旅游服务体系，这里将筹建十大宾馆，完善道路及服务设施，建成玉皇顶高山滑道和"亚洲第一跳"——白云山云飞蹦极，形成万人日接待能力，目前已成为中原地区旅游新热点和洛阳南线重点旅游区。

洛阳白云山风光

（八）花果山

洛阳花果山风光

　　花果山位于宜阳县西南部的穆册乡境内，距洛阳城 90 公里。花果山总面积约 180 平方公里，森林覆盖率为 77.4%，主峰海拔达 1831.8 米。洛阳花果山从 1991 年起成为国家森林公园，2000 年被评为洛阳市十佳风景区之一，2001 年被评为 AAA 级旅游景区。

　　花果山景观多样，其中有以白皮松、迎宾松、盘龙松、天狼松、藤恋树、华盖树、飞天树等为代表的森林景观；以帘沟日珥、苍岭云海、岳顶雾雪、岳峰观日等为代表的天象景观；以北斗阁、花果山书画院、石栈道、将军碑林、名人诗画等为

鸡冠洞景观

代表的人文景观。

（九）鸡冠洞

洛阳鸡冠洞景区是我国长江以北罕见的洞穴旅游景区，最早发现于清乾隆年间，是中原一大奇观，号称"北国第一洞"。鸡冠洞属天然石灰岩溶洞，地质学上称其为"喀斯特岩溶地貌"，洞中一年四季恒温18℃左右，被誉为"自然大空调"。

鸡冠洞位于洛阳栾川县城西的小双堂沟，洞深达5600米，上下分五层，落差达138米。目前开发面积达23000平方米，共分为八大景区，它们分别是藏秀阁、玉柱潭、洞天河、聚仙宫、溢彩殿、叠帏宫、瑶池宫、石林坊。洞内景观形态各异、姿态万千，各种石盾、石珠、石琴、钟乳石、石笋、石柱、石幔、石瀑等分布错落有致，另外洞内瀑布林立，水声与石相击，给鸡冠洞增添了无穷的魅力。

（十）龙潭大峡谷

龙潭大峡谷位于洛阳市新安县北部，全长 12 公里，呈 U 型。谷内云蒸霞蔚，激流飞溅，悬崖绝壁到处可见。景区有石上春秋、绝世天碑、银链挂天、阴阳潭瓮谷、五代波纹石、天崩地裂、喜鹊迎宾、通灵巷谷八大自然奇观；仙人足迹、水往高处流、巨人指纹、佛光罗汉崖、石上天书、蝴蝶泉六大自然谜团；阴阳潭、五龙潭、卧龙潭、龙涎潭、芦苇潭、青龙潭、黑龙

壮观的龙潭大峡谷风光

潭七大幽潭瀑布。总之，整个峡谷区无处不美，无处不令人惊叹，是世界上罕见的山水画廊，不愧为"世界上最美的峡谷"这一称号。

（十一）周公庙

周公庙位于洛阳市老城区定鼎南路东侧，传由隋代末年王世充为奉祀周公而建的规模宏大的庙宇。周公即周公旦，他为营建西周洛邑、稳固西周在东方的统治作出了杰出贡献。

现存明清时期大殿、二殿、三殿、左右厢房等建筑。大殿额题"定鼎堂"三字，取周公定鼎洛邑之意。大殿、二殿、三殿都保持了明代建筑风格，古朴雅致，壮观宏伟。

周公庙是洛阳市内唯一保存比较完好的建筑群。目前，周公庙已开辟为都城博物馆。

（十二）汉光武帝陵

汉光武帝陵是东汉第一代皇帝光武帝刘秀（前6年—57年）的陵墓，位于洛阳市北20公里处的孟津白鹤镇。该陵园始建于50年，占地达6.6万平方米，整个陵

洛阳周公庙一景

园呈长方形，由神道、陵园和祠院三部分组成。其中墓冢位于陵园正中，为夯土丘状，高17.83米，周长487米。还有光武祠，位于陵园西侧，面积达2万平方米，由二十八宿馆、碑廊、光武殿、阙门等组成。整个建筑群明显呈汉代风格，别具一番情调。

光武陵园内现有隋唐植柏1458株，一园千柏，这在国内绝无仅有。因古柏年代久远，还形成了"鸟鸣柏""苦恋柏""汉皇仰卧"等奇特景象。光武帝陵千百年来为观者津津乐道，对研究我国帝王陵寝有着独特的历史科学价值。1963年，光武陵园被河南省人民委员会公布为第一批省级重点文物保护

汉光武帝陵神道石兽

洛阳风穴寺之唐塔宋楼

单位，2001 年 6 月被国务院公布为第五批全国重点文物保护单位。

（十三）风穴寺

风穴寺最早建于东汉初平元年，原名香积寺。但毁于董卓之乱，北魏重建，是我国最古老的佛寺之一，因寺东的山上有大小风穴洞而得名。曾与白马寺、少林寺、相国寺齐名，被称为"中原四大名刹"。据史料记载，风穴寺在明代万历年间香火最为鼎盛，曾有僧众 1000 余人，房舍 300 多间，土地 2000 余亩。

现今的风穴寺位于洛阳汝州，是国家级重点文物保护单位，它保存了唐、宋、元、

风穴寺现存各种古建筑
约140间

明、清历代的文物和建筑，被专家称为"古建筑博物馆"。寺内有升仙桥、吴公洞、珍珠帘、大慈泉、锦屏风、望州亭、玩月台等八大景；有东山仙人、小龙门、石龙头、活凤尾等七十二小景以及冬暖、夏凉的三十六福地。

风穴寺现存各种古建筑约140间，其中"七祖塔"为全国现存七座唐代高塔之一；悬钟阁内的"中原第一钟"重达9999斤；涟漪亭是河南仅有的明代双层六角亭；西面山坡上的上、下塔林是我国第三大塔林。另外，寺内还有各种碑帖、佛像等珍贵的古代遗迹。

（十四）龙峪湾

龙峪湾国家森林公园位于洛阳西南的栾川境内，面积达 300 余平方公里，现今已开发 12 个景区共 218 个景点。龙峪湾国家森林公园是河南省十佳山水景区、全国文明森林公园、国家 AAAA 级类景区和国家级自然保护区。

境内有号称"中原第一峰"的鸡角尖，海拔达 2219 米，壁削刀仞，云雾缭绕，宏伟壮观。园内还有各种珍禽异兽 200 多种，植物 1900 多种，中草药 800 多种。这里气候凉爽，夏季最高温度不超过 21℃，是理想的避暑度假胜地。另外，园内还有仙人瀑布、彩虹瀑布、青龙瀑布、黑龙潭、白马潭、贞女洞、帽盔洞、仙人洞、藏兵洞、万亩落叶松林等优美景观。

龙峪湾森林公园内的古木

（十五）安乐窝

位于今洛阳市洛河南岸的安乐窝村，是北宋著名思想家邵雍故居所在地。邵雍自号安乐先生，谥号康节，12 岁跟随父亲迁居河南，30 岁移居洛阳，与司马光、吕公著等交往颇多。

有关安乐窝，《无名公传》载："所寝之室谓之安乐窝，不求过美，惟求冬暖夏

安乐窝邵雍故居一景

凉。"邵雍也亲自题诗云:"夏住长生洞,冬居安乐窝。莺花供放适,风月助吟哦。窃料人间乐,无如我最多。"

邵雍在洛阳居住了四十多年,著书立说,其主要著作有《渔樵问对》《伊川击壤集》《皇极经世》等。他是北宋唯心主义理学的奠基人之一,和程颐、程颢齐名,被称"夫子""圣人"。现存安乐窝有硬山式"皇极书阁"等建筑,并有碑石数方,具有很强的艺术价值。

四、洛阳牡丹天下之绝

洛阳地脉花最宜，牡丹
尤为天下奇

说起洛阳，怎么能不说牡丹呢？说起牡丹，怎么能不说洛阳呢？多少年来，洛阳和牡丹似乎已融为一体。牡丹是我国特有的木本名贵花卉，其花形多样，花朵大而色艳，很早就被誉为我国的国花，是我国繁荣强盛、富贵吉祥的象征。

（一）牡丹兴盛于洛阳的原因

关于牡丹，很早就有武则天怒贬牡丹的故事。传说武则天下令百花开放，于是百花都听从了圣旨，在规定的时间都开放了，但唯独牡丹未开。武则天非常恼怒，就把牡丹打得粉碎，并把它贬到了洛阳。从此，牡丹便在洛阳安下了新家，自由自在地开放，得到了天下百姓的喜爱。当然武则天贬牡丹是假，但她在洛阳游上苑时没看到牡丹，便命人从外地移植牡丹到洛阳却是真的。还有一个故事是这样讲的：唐朝有个名叫宋单父的洛阳人，非常会种花，他种的牡丹能变化一千多种。唐玄宗知道后，就把他召到骊山去种花。到了骊山，他种了一万多株，竟然没有一株是相同的。于是他就被时人尊称为花神，惊服他有"幻世之绝艺"。后来，他回到了洛阳，牡丹就在洛阳兴盛起来。

关于牡丹兴盛于洛阳的原因，有一段美丽的传说

当然以上只是一些神话传说，牡丹真正兴起于洛阳的原因并不那么简单，是与洛阳的历史地位分不开的。试想，洛阳是那么多朝代的都城，多少达官显贵、政治名流、名人雅士曾经在这里生活过？何况如果都城在洛阳，那么皇帝肯定会在洛阳修建许多豪华的花园，况且牡丹本身又是一种特别名贵的花，所以种植牡丹就成为皇家和达官显贵们的首选。

当然最重要的原因还是因为洛阳本身的地理环境适合牡丹生长，洛阳气候温和、雨量适中、土地肥沃。另外，由洛阳市地质矿产局和省地质调查院完成的一项科研成果证明：洛阳牡丹开得硕大鲜亮确实与洛阳的独有地脉有关。据介绍，伊河洛河

早在南北朝时期，人们就开始栽培牡丹

带来的火山岩元素沉积下来，使洛阳土壤中所含有的微量元素锌、铜、锰、钼的含量明显高出其他地区，其中锰的含量平均高出其他地区 26.7 倍，加上该地区适宜的气候，使得洛阳牡丹具有了得天独厚的生长条件。

（二）牡丹因何而美丽

每个人心目中都会有关于美的评判标准，但在牡丹美不美的问题上，我想大多数人的答案都是肯定的。那么牡丹因何而美呢？

美在历史的悠久。牡丹作为观赏植物栽培，始于南北朝。近代生物学先驱达尔文在《动植物在家养情况下的变异》一书中说，牡丹在中国栽培的历史已有 1400 年，从 19 世纪 70 年代向前推到 1400 年前，那是 5 世纪，即南北朝初年，和中国牡丹的栽植历史大体相属。洛阳栽培牡丹，始于隋，盛于唐，昌于宋。宋朝时洛阳就有"花城"之称。欧阳修的《洛阳牡丹记》、周师厚的《鄞江周氏洛阳牡丹记》《洛阳花木记》、张峋的《洛阳花谱》等等对此都有记载。

美在栽培牡丹已经成为一门技艺。一千多年来，关于栽培牡丹已经形成了一门专门的技艺史，如何栽培牡丹也是一门很深奥的

牡丹不仅具有观赏价值，而且它全身都是宝

学问。其实宋代在择地、浇灌、施肥、修剪、防虫害、防霜冻以及嫁接、育种等栽培技术方面，已经总结出一套较为完整的成熟经验。元明清时期，这种经验更趋于成熟，至今这些经验还影响着现代牡丹的生产。当代牡丹花期控制技术已基本达到花随人意的程度，这是一个令人赞叹的进步。

美在它的经济价值。牡丹不仅仅具有观赏价值，而且它全身都是宝。它的花、种、根、粉都有着很高的经济价值。花瓣可食用，其味鲜美。其根可入药，称"丹皮"，可治高血压、除伏火、清热散瘀、去痈消

牡丹成为历代文人诗文里
的题材

肿等。近年来，洛阳不断开发以牡丹为特色的产品，牡丹酒、牡丹系列化妆品、牡丹精油、牡丹保健茶系列产品，以及牡丹月饼、牡丹饺子、牡丹滋补汤等一系列新型牡丹食品。目前，洛阳牡丹年销售量为1000万株，年产值达10亿元，产品畅销全国各地以及日本、美国、荷兰、新西兰等20多个国家和地区，洛阳牡丹已经基本实现了专业化、规模化生产，规范化、科学化种植，公司化、市场化经营的格局，洛阳已然成为名副其实的中国乃至世界牡丹生产的中心之一。

（三）文人诗作中的牡丹

历代文人爱牡丹，牡丹也成了历代文人诗文里的题材。仅《全唐诗》中就收录了五十多位作家的一百多首吟咏牡丹的诗歌，这些诗歌在思想性和艺术性上都有很高的成就，丰富和发展了我国的咏物诗创作的深度和广度。

　　虽然我们不能把所有的歌咏牡丹的诗歌都一一进行列举，但具有代表性的佳作还是能列举一二。如白居易的《秦中吟》之十《买花》："帝城春欲暮，喧喧车马度。共道牡丹时，相随买花去。贵贱无常价，酬直看花数。灼灼百朵红，戋戋五束素。上张幄幕庇，旁织巴篱护。水洒复泥封，移来色如故。有一田舍翁，偶来买

遍地盛开的牡丹

花处。低头独长叹，此叹无人喻。一丛深色花，十户中人赋。"这首诗具有很强的思想性，诗人透过牡丹繁盛的表面现象，敏锐地发现其背后隐藏着的社会问题，通过诗歌表达了他对劳动人民困苦生活的同情。白居易还有一首比较有名的写牡丹的诗："绝代只西子，众芳惟牡丹。月中虚有桂，天上漫夸兰。夜濯金波满，朝倾玉露残。性应轻菡萏，根本是琅玕。夺目霞千片，凌风绮一端。"这首诗把牡丹的美写得淋漓尽致。令狐楚有首《赴东都别牡丹》："十年不见小庭花，紫萼临开又别家。上马出门回首望，何时更得到京华。"

雍容富贵的牡丹

十三朝古都洛阳

洛阳牡丹花会上
艳丽的牡丹

语言质朴，明白如话，爱花之情、惜别之意溢出诗外。刘禹锡的《和令狐楚公别牡丹》："平章宅里一栏花，临到开时不在家。莫道两京非远别，春明门外即天涯。"同样是浅切流畅，话别之中含有深深的慰藉。两首诗合在一起读，如话家常一般，却又饱含深情，运用白描手法营造出一个情深词显的优美境界。正因为这种语言浅切流畅的特点，才使诗人较多地运用了白描手法，几笔便勾勒出一幅生气盎然的图画，含不尽之意于诗外。

（四）洛阳牡丹花会

洛阳牡丹花会有很深的历史传统，在

北宋时,就举办了以牡丹为主角的"万花会"。每年四月,牡丹开放,洛阳万人空巷,争相赏花。据史料记载,当时的西京留守钱惟演,非常爱牡丹,为了方便赏花,他举办了首个官方的"万花会",并引起很大反响。从此,万花会成为士大夫们聚会赏花的正式名称。很多士大夫都举办过自己的牡丹会,以牡丹会友、赛花吟诗成为一时之风气。宋代理学名士邵雍在洛阳建的"安乐窝"、闲居洛阳时的司马迁在洛阳建有"独乐园"等都是当时有名的聚会赏牡丹的地方。

每年 4 月 15 日至 25 日是牡丹盛开的大

洛阳牡丹花会成了花的海洋

好时节，每当这个时候，古城洛阳都会一片沸腾，整个城市都是花的海洋，来自世界各地的游人齐聚洛阳，共同体会这万花锦簇的盛况。花会期间，人们不仅能观赏到牡丹的古老品种，还能看到科研人员培育出的新品种；不仅有其他省市带来的珍贵品种，还有来自其他国家和地区的牡丹品种。这么多的品种混在一起，可谓让人大饱眼福。

魏紫牡丹

（五）洛阳牡丹的品种

洛阳牡丹品种多样。《洛阳花木记》载有百余种，《洛阳牡丹记》载有 24 个优良品种，清修《洛阳县志》载有 169 个品种。近年来，通过国家花卉协会认定的洛阳牡丹品种已经达到 960 个，数量在国内外城市中遥遥领先。在这众多的牡丹品种中，有的是古代珍稀品种，如魏紫、姚黄等，有的是运用现代技术培养的新品种。

魏紫，牡丹四大名品之一，因出于宋代洛阳魏氏花园中而得名。花色端丽莹洁，润滑有光。姚黄未出之前，号称牡丹第一，姚黄问世后，被后人誉为"花后"。

姚黄，牡丹四大名品之一，皇冠型，

有时呈金环型。花蕾一般呈圆尖形。初开色
鹅黄，盛开变乳黄。原产于一姚姓人家，故
名姚黄。姚黄花香四溢，花色鲜艳，花开时，
花朵高出叶面，姚黄自古有"花王"之称。

　　豆绿，牡丹四大名品之一，皇冠型或绣
球型。花蕾圆形，顶端常开裂，花黄绿色。
原为宋代宣和年间洛阳花工培育的新品种，
当时每年都以此花向宫中进贡，现唯有我国
独有，实为稀世珍宝。

　　赵粉，牡丹四大名品之一，皇冠型，有
时呈荷花型、金环型或托桂型。花蕾大，圆
尖形；花粉色，质地较薄；内瓣柔润细腻整齐，
基部具粉红色晕，实在是牡丹中的精品。

姚黄牡丹

　　烟绒紫，又名叶底紫，在唐代就是当时
的名贵品种。"千叶紫花，其色如墨"，讲的

豆绿牡丹

赵粉牡丹

洛阳牡丹天下之绝

扬名天下的洛阳牡丹

就是这个品种，由于颜色太紫了，所以就成墨色了。烟绒紫瓣质细腻，像金丝绒一样，故名。

醉杨妃，在太阳照射下，花呈醉态，故名。初开粉紫色略带红色，盛开时粉紫色略带蓝色，近谢时粉紫色略带白色。花梗柔软弯曲，花朵一般下垂，花瓣一般薄软。

当然，牡丹还有很多其他有名的品种，由于篇幅有限，仅讲述到此。

五、龙门石窟中华之宝

龙门石窟石刻

佛教很早就由印度传入我国，历代封建统治者中有很多都信仰佛教。统治者们为了表达自己虔诚的信仰，大规模修建了佛教建筑，龙门石窟就是其中杰出的代表。

（一）龙门石窟的历史

龙门石窟位于洛阳市东南，分布于伊水两岸的崖壁上，南北长达 1 公里。它是我国四大石窟之一（另外三大石窟为：云冈石窟、敦煌莫高窟和麦积山石窟），始建于北魏孝文帝迁都洛阳（493 年）之后。北魏统一北方以后，魏孝文帝深感首都平城（今山西大同）偏北，不便于巩固其统治，于是南下迁都洛阳。由于北魏统治者崇信佛教，随着都城的转移，兴建佛教建筑也就转移到了新都洛阳。

其实，从东汉到西晋末年，佛教虽然已经开始在中国传播，但洛阳仅有佛寺四十余所。北魏迁都洛阳后，统治者开始摒弃了鲜卑人的游牧习性，而全盘接受汉族文化。信仰传入中原地区四百多年的佛教成了他们的首选。在这种情况下，许多外来僧人涌入洛阳传经讲道，洛阳僧人也多次远涉西方取经。很快，洛阳的佛教事业达到空前繁盛。据记

龙门石窟分布于伊水两岸的崖壁上

载，北魏时洛阳的佛寺达一千三百多所，可见当时佛教之繁盛。伴随着佛教的空前兴盛，兴建龙门石窟也成了自然而然的事。

北魏灭亡后，统治者们并未停止对龙门石窟的修建。后来经东魏、西魏、北齐、北周、隋、唐、五代、宋等朝代的相继开凿，龙门石窟逐渐形成了现在的规模。现存窟龛两千三百多个，题记和碑刻两千六百余品，佛塔七十余座，造像十万余尊。这些内容丰富、造型精美的佛教建筑和工艺，是研究我们古代历史、绘画雕刻、佛教艺术以及书法服饰等方面的珍贵材料。

（二）龙门石窟的著名景观

奉先寺是龙门石窟中规模最大、最具

洛阳龙门石窟露天大佛

有代表性的唐代露天佛龛，奉先即供奉祖先之意。它南北宽约三十六米，东西深约四十余米，置于约九米宽的三道台阶之上，有龛雕一佛、二弟子、二胁侍菩萨、二天王及力士等十一尊大像。据碑文记载，此窟开凿于唐高宗李治和武则天在位时期，约用三年于675年建成。洞中雕像极具唐代色彩，大都体态圆满，大耳肥面，极其亲切动人。主佛名为"卢舍那"，全像高约17.14米，其中头部高 4 米，耳朵长 1.9 米，是龙门石窟中最大的雕像。从整体上看，卢舍那姿态安详，仪表堂皇，的确是一件精美绝伦的艺术杰作。

潜溪寺，又名斋祓堂，是龙门西山北端第一个大窟，唐高宗年间建造，相传曾是宰相李藩的别墅，又有谷溪涌出而得名。洞高九米多，深约七米。主佛是阿弥陀佛，坦胸着博带式袈裟，整体姿态给人一种慈祥静穆之感。阿弥陀佛两侧为二菩萨、二弟子、二天王。阿弥陀佛与两侧的二菩萨合称"西方三圣"，即掌管西方极乐世界

龙门石窟大大小小的窟龛，像蜂窝一样密布在伊河两岸的石壁上，长达六百五十米

龙门石窟中华之宝

龙门石窟佛像

的三位圣人，是佛教净土宗信仰的对象。

　　宾阳三洞，开凿于北魏时期，是北魏的宣武帝为他父亲孝文帝和文昭皇太后做功德而建，后因种种原因，只建成了宾阳中洞，北洞和南洞到初唐才得以建成。其中宾阳中洞是龙门石窟群最为富丽堂皇的一窟，由十一尊佛像组成。主佛释迦牟尼面颊清瘦，高鼻大眼，脖颈细长，体态修长，左手屈三指，右手向前探伸，体态端详，这是北魏造型艺术的典型特征，明显具有西域艺术的痕

龙门石窟神态逼真的造像

龙门石窟主要以佛像造像为主，沿袭北魏、唐代的雕刻风格

迹。洞窟顶部雕有飞天，飘逸柔美，艺术价值极高。洞中原有两幅《太后礼佛图》和《皇帝礼佛图》，这是反映当时帝王生活的图画，可惜后来被盗运到美国。宾阳北洞正壁刻阿弥陀佛，左右侧为菩萨及弟子，洞内前壁还刻有二天王，手持宝剑，威武慑人。宾阳南洞是唐太宗李世民的第四子魏王李泰在北魏废弃的基础上又续凿而成，为其生母长孙皇后做功德而建。洞中主佛为阿弥陀佛，体态丰腴，嘴唇厚大，生动可爱。

万佛洞，因洞内南北两侧雕有一万五千

万佛洞胜景

尊小佛而得名。洞为方形，顶上雕一大莲花，题记："大唐永隆元年十一月三十日成，大监姚神表，内道场运禅师，一万五千尊像龛。"正壁为阿弥陀佛，端坐在八角莲花上，底部有四个力士支撑。背后壁上雕有五十四枝莲花，每枝莲花上雕有菩萨或侍从。南北壁上刻的是各种伎乐人手持乐器、载歌载舞的场面，每个雕刻都各有不同姿态，真的让人叹为观止。

莲花洞，因洞口左上方有雄劲的"伊阙"二字，所以又叫伊阙洞。大约开凿于北魏年间。洞内主像为释迦牟尼立像，约

壮观的古阳洞佛窟造像

六米高，其旁伴有菩萨，后侧伴有二弟子阿难浮雕和迦叶，迦叶手持锡杖，似一西域苦行僧，风尘仆仆，栩栩如生。另外，在南壁小龛中，还雕有"树下思维"和"树下授法"佛传故事。洞中还有龙门石窟中最小的佛像，仅有2厘米高，可谓罕有。

古阳洞，处于龙门山的南段，建于493年，是龙门石窟里开凿最早、佛教内容最丰富、书法艺术最高的一个洞窟。洞中北壁刻有楷体"古阳洞"三个字，古朴深奥，大气磅礴。洞内大小佛龛数百座，这些佛龛造像大都有题记，记录了当时造像者的姓名，造像年月及缘由。在龛的外形、龛楣和龛额的设计上，也丰富多彩，变化多端，并且有的龛楣上还雕造有佛传故事，是珍贵的佛教资料。另外，古阳洞中珍藏了龙门二十品中的十九品，龙门二十品是珍贵的书法遗迹，是魏碑体书法艺术的精品，字体端正大方，气势刚健有力，既有隶书格调，又有楷书风范，是我国书法由隶变楷的重要过渡阶段，在我国书法艺术发展史上具有极其崇高的地位，是龙门石窟中碑刻书法艺术的精华，历来为世人所称道。

龙门石窟佛像

药方洞，因窟门刻有唐代一百四十多个药方而得名。这些药方涉及内科、外科、小儿科、五官科等，是我国目前发现的最早的石刻药方，并且雕刻的这些药方中的药材在民间都能找到，这些药方对研究我国医药学起到了重要的作用。

以上介绍的都是龙门西山石窟，西山的主要洞窟还有敬善寺、唐字洞、魏字洞、极南洞等，都各有特点，造型精美。

与西山相对应的就是东山，东山又叫香山，这里的佛教雕刻龛物虽不及西山历

龙门石窟洞莲花藻井

史悠久，但也别具特色。主要洞窟有看经寺、擂鼓台中洞、擂鼓台北洞、万佛沟等。

看经寺为东山最大的洞窟，是武则天为唐高宗开凿的。洞的正面有一座砖瓦结构的二层楼，门额上刻着"看经寺"三字。洞顶雕有莲花藻井，周围环绕着四个体态丰腴、形象优美的飞天。寺内主要分为前后两室，前室崖壁有数十个小龛造像，后室刻有29尊传法罗汉像，为我国唐代最精美的罗汉群像，目前保存这么完好的罗汉群像在国内也极为罕见。

擂鼓台中洞，又叫大万伍佛洞，是一座

以禅宗为主的洞窟，相传建于武周年间。主佛为弥勒佛，他双膝下垂，神情有顿悟状。主佛的壁基由二十五尊高浮雕罗汉群像组成，每个罗汉身旁都刻有一段从《付法藏因缘传》里摘录的经文介绍该罗汉的身世及特点。该洞为研究唐代禅宗提供了巨大的参考价值。

　　擂鼓台北洞是龙门石窟中开凿较早、规模最大的一座以密宗造像石窟为内容的佛教窟。佛教的密宗是印度佛教中的最后一个派别，后来传入我国，在我国得到很大发展，后又经我国传入日本、朝鲜，产生了深远影响。擂鼓台北洞为穹隆顶，马

擂鼓台远景

龙门石窟风光

龙门石窟佛龛

万佛沟石窟造像

万佛沟石窟造像

蹄形平面，高 4 米，宽 4.9 米，但因年代久远，常年经风沙侵蚀，表面已斑驳不清，实为可惜。

万佛沟位于东山偏南边，是龙门山上最大的一条沟，因这里拥有万佛，故得名。万佛沟环境幽静，许多佛龛都掩映在古树之下，这里有罕见的雕刻珍品，比如武周时的高平郡王洞、西方净土变龛和千手观音像龛等。

六、洛阳民俗风情

前面主要讲述了洛阳的历史与风土，而很少涉及洛阳的人情，下面就介绍一下洛阳人独特的生活方式。

（一）洛阳的婚嫁习俗

洛阳是十三朝古都，随着它在政治、经济、文化上的影响力增强，它的婚嫁习俗也随着社会的发展而传到全国各地，产生了深刻影响。大体上说洛阳婚嫁习俗沿袭《礼记》所定的"六礼"程序，即问名、纳彩、纳吉、纳征、请期、迎亲。但随着时代的发展也发生了一些变化，但其基本程序仍为现代人所

洛阳仪门

十三朝古都洛阳

遵从。现将其婚嫁习俗程序列举如下：

1. 议婚

这个程序虽然简单，但却非常重要。通常是男方家人找到媒人，让媒人去女方家提亲，若女方家感到满意，女方家便派人去男方"相家"。婚事双方基本同意后，双方家人和媒人要在男家设宴，在宴席上，男女双方郑重交换生辰八字，然后举杯庆祝，永结姻亲，不可随便变异。

2. 订婚

这个环节即为古代的纳吉和纳征，俗称下聘礼。当然选择良辰吉日下聘礼是关键，等选好了日子，男方家就派媒人去女

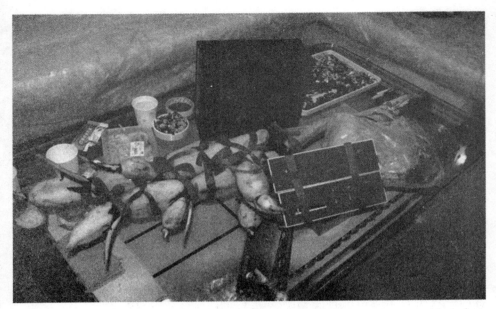

"四色礼"

方家互换婚帖。当然，媒人要带上男方送给女方的聘礼，所赠聘礼洛阳俗称"四色礼"，多为女方所用衣物及点心食品等；女方则送笔墨文具之类给男方，意盼婿成才。

3．成婚

这个过程是整个婚嫁过程的中心环节，主要包括下帖、过礼、备嫁妆、迎娶四个步骤。下帖，又叫"送好"，就是双方要结婚时，男方要请人选择个结婚吉日，然后再将选好的吉日写在"帖上"，把吉日告诉女方，若女方同意吉日结婚，便可接下这聘书；过礼是指在结婚前半个月，男方须送给女方彩礼，彩礼主要由首饰、衣物、化妆品等组成；

备嫁妆是女方在婚前的主要事项，历来受到人们重视。嫁妆即为陪嫁到夫家的财产，嫁妆以娘家的经济条件而定，当然也有男方出钱为女方购买嫁妆的情况存在；迎娶是成婚这个环节中最复杂的也是最热闹的一个部分，主要包括准备洞房、迎娶、进入洞房、闹房、听房等环节。

4. 回门

这是婚嫁的最后一道程序。即婚后第三天新媳妇在新浪的陪伴下回娘家。完成了这个过程，二人才算正式结为夫妻。

洛阳古墓博物馆一景

（二）洛阳的丧葬习俗

洛阳的土葬习俗由来已久，据可靠史料记载，土葬在夏商时代已成习俗，后来的历朝历代都在此基础上继承发展，已经形成了一套完整的丧葬模式。

1. 选择风水宝地

选择埋葬地点无疑是必须的，但埋葬地点的选择不是随意乱选的，这里面充满了规矩与学问。墓穴的择地、方向、位置被认为关系到后代子孙的兴旺发达。所以，在择地之前，都要请风水先生来看看这地

洛阳天子驾六车马坑

点到底好不好。洛阳民间讲究十不葬：一不葬粗顽石块，二不葬急水滩头，三不葬孤独山头，四不葬沟源绝境，五不葬神庙前后，六不葬左右休囚，七不葬山冈缭绕，八不葬风水悲愁，九不葬坐下低小，十不葬龙虎尖头。只有遵守了这些规则，洛阳人认为才能着手去选埋葬点，否则就是不吉利。

2. 制备棺椁

上古时代，人们死后是直接入土的。后来，随着时代的进步，出现了各种材质的棺椁，如木棺、石棺、陶棺等，但最常见的一般是木棺。木棺以柏木最好，松木次之。另外，选择材质时，掌握一定厚度也非常重要，一般认为，越厚越好。棺椁制作过程中的禁

洛阳古墓博物馆内的墓棺

忌有翻角、倒板、分脊、破脸等。 洛阳古墓博物馆一景

3. 陪葬物品

放置什么样的陪葬物品以及如何放置陪葬物品都有一定的规矩，当然随着朝代的变化，规矩也发生了改变。比如魏晋南北朝时期政府提倡节俭，严禁厚葬，从而出现了专门为陪葬而制作的冥器；隋唐时期，洛阳墓葬中随葬品又变得多而珍贵，这些陪葬品大都是贵重之物；现代社会，政府反对封建迷信，随葬品中一般只放死者生前喜爱之物，珍贵之物一般都用纸扎代替。另外，洛阳民间还沿袭旧制，多在墓地设置铭文，主要形式有铭旌、墓志、

洛阳古墓博物馆

买地券等，内容多记述死者姓名、性别、生平主要事迹等。

4. 丧葬过程中的礼仪规范

洛阳历代的丧葬礼仪大致分为浴尸更衣、报丧奔丧、大殓入棺、成服备葬、出殡安葬、出丧守孝六部分。这六个部分只是大体上的总结，具体还有许多小细节需要注意。所以说，一个丧葬的过程并不是想象的那么简单，它毕竟是一种风俗习惯，我们应该尊重它，并在这种尊重中得到提升和理解。

（三）洛阳的美食小吃

洛阳有许许多多有名的小吃，现举几例，

洛阳古墓博物馆一景

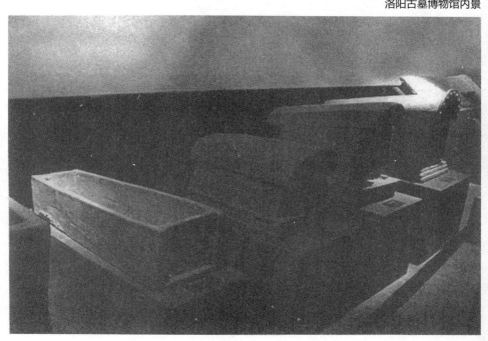

洛阳古墓博物馆内景

洛阳民俗风情

供大家分享。 浆面条

1. 浆面条

关于浆面条还有一个故事，说是在清朝末年，洛阳有一户穷人家，将捡来的绿豆磨成了豆浆。过了几天，发现豆浆馊了，但因为贫穷没舍得把它扔掉，于是就乱放了些菜叶，放在锅里用火熬成糊状。结果发现还很好吃，后来这个方法家喻户晓，浆面条也随之成了洛阳的特产。

2. 胡辣汤

在洛阳的大街小巷口，随处都能见到它的身影，可见它的普及程度和受人们喜爱的程度。它制作简单，味道鲜美，价格

洛阳水席

便宜，可谓是独一无二的物美价廉型小吃。

3. 驴肉汤

汤中精品，有"天上龙肉，地下驴肉"的美誉，近年来非常受大众喜爱。能去洛阳品尝一下天下一绝的驴肉汤，绝对能满足你的味蕾。

4. 洛阳水席

全席共二十四道菜，分为八个冷盘、四个大件、八个中件、四个压桌菜。水席中有名的"洛阳燕菜""假海参"等，就是民间普通的萝卜、粉条，但经厨师妙手烹制后，便脱胎换骨，味美异常，如奇花绽放，让人叫绝。洛阳水席有高、中、低档之分。如今高档水

洛阳牡丹燕菜

席有海参席、鱼翅席、广肚席；中档水席
有鸡席、鱼席、肉席；低档水席为大众席，
以肉、粉条、蔬菜为主。由于洛阳水席风
味独特，味道鲜美，咸甜酸辣，一菜一味；
上至山珍海味，下至粉条、萝卜，都能做
出一席菜，可适合不同层次消费者的需要，
因此洛阳水席虽历经千年，扔经久不衰。

5. 洛阳牡丹燕菜

武则天称帝时，一封"中岳"，二封"燕
菜"，燕菜当属水席之王。"牡丹燕菜"不
仅口感独特，而且营养丰富，内含多种维
生素、蛋白质、钙、铁及烟酸、抗坏血酸
等成分。食用后不仅能促进新陈代谢，增
加食欲，促进消化，抵抗鱼肉等食物中亚

新安烫面角

硝胺的致癌作用,而且具有顺气、解毒、散淤、醒酒等功效。

6. 新安烫面角。

传统风味小吃新安烫面角,创制于1914年,至今已经有一百多年的历史了。由于配方科学,制作讲究,所制烫面角内软皮紧,晶莹欲滴,状如新月,色如琼玉,鲜香不腻,味美可口,时有"名扬陇海三千里,味压河洛第一家"的美誉。